Le balai de neige

Nébulo Rémi Mila Jaco

Mijote Filo

md

La semaine d'école est finie.
C'est samedi.

Rémi sort dehors
avec ses amis.

Filo arrive et jappe.

Il est joli, car la mère
de Rémi lui a fait
un petit habit de neige.

Rémi démarre sa motoneige.

Il tire ses amis.

Rémi va vite
avec sa motoneige.

Mila est affolée.
Elle baisse la tête.

Arrivé à la forêt,
Rémi arrête sa motoneige.

Il neige fort.

Les amis s'amusent.

La neige est molle. Elle colle.

C'est rigolo !

Nébulo aide Rémi à faire
un palais de neige.
Rémi aime le palais.

Il n'a jamais vu
un si joli palais de neige.

Nébulo aide Mila à faire
un lit de neige.
Mila aime le lit.

Elle n'a jamais vu
un si joli lit de neige.

Nébulo aide Jaco à faire
une baleine de neige.
Jaco aime la baleine.

Il n'a jamais vu
une si jolie baleine de neige.

Oh là là ! Il est tard.

Rémi part vite de la forêt avec ses amis.

Il neige. C'est joli !

Oh ! Une lapine beige
et ses petits ! Rémi les évite.

Sa motoneige dérape alors
sur la neige.

« Zut ! Pas une panne ! »
dit Rémi.

Mila a de la peine,
car Fossile n'est pas avec elle.

Mijote a alors une idée.

Elle dit :
« Je sais ! Je sais !
Je vais faire un balai
de neige ! »

Nébulo aide Mijote à faire
un balai de neige.

Mijote dit :
« Balai, baba, bibi,
vole avec mes amis ! »

Mijote et ses amis aiment
le balai de neige.

Le balai de neige

Nébulo Rémi Mila Jaco

Mijote Filo

md

La semaine d’école est finie.
C’est samedi.

Rémi sort dehors
avec ses amis.

Filo arrive et jappe.

Il est joli, car la mère de Rémi lui a fait un petit habit de neige.

Rémi démarre sa motoneige.

Il tire ses amis.

Rémi va vite
avec sa motoneige.

Mila est affolée.
Elle baisse la tête.

Arrivé à la forêt,
Rémi arrête sa motoneige.

Il neige fort.

Les amis s'amusent.

La neige est molle. Elle colle.

C'est rigolo !

Nébulo aide Rémi à faire
un palais de neige.
Rémi aime le palais.

Il n'a jamais vu
un si joli palais de neige.

Nébulo aide Mila à faire
un lit de neige.
Mila aime le lit.

Elle n’a jamais vu
un si joli lit de neige.

Nébulo aide Jaco à faire
une baleine de neige.
Jaco aime la baleine.

Il n'a jamais vu
une si jolie baleine de neige.

Oh là là ! Il est tard.

Rémi part vite de la forêt avec ses amis.

Il neige. C'est joli !

Oh ! Une lapine beige
et ses petits ! Rémi les évite.

Sa motoneige dérape alors
sur la neige.

« Zut ! Pas une panne ! »
dit Rémi.

Mila a de la peine,
car Fossile n'est pas avec elle.

Mijote a alors une idée.

Elle dit :
« Je sais ! Je sais !
Je vais faire un balai
de neige ! »

Nébulo aide Mijote à faire
un balai de neige.

Mijote dit :
« Balai, baba, bibi,
vole avec mes amis ! »

Mijote et ses amis aiment
le balai de neige.